AF237082

Paul Gisi
Milchstrassenstaub
das unbekannte Zeitmass
Gedichte

Bibliographische Information der Deutschen National-
bibliothek: Die Deutsche Nationalbibliothek verzeichnet
diese Publikation in der deutschen Nationalbibliogra-
phie, detaillierte bibliographische Daten sind im Internet
über http://dnb.dnb.de abrufbar.

© 2022 Autor: Paul Gisi, op.129
Umschlagbild Ludwig Weibel
Herstellung und Verlag:
BoD – Books on Demand, Norderstedt
ISBN 9783755799870

Paul Gisi

Milchstrassenstaub
das unbekannte Zeitmass

Gedichte

Inhalt

J a !

zum

Leben

Paul Gisi

I

Im Spiralnebelkern
die Umarmung

Luftgeister
   Wassergeister
      Nachtgeister
         Feuergeister
ZU SINGEN DIES

    ❀

Ich bete dich an
Feuerkoralle
   Vielstachler
      Blaue Glockenblume
I R R L I C H T D U

    ❀

Hinter den Täuschungen des Geistes
diesseitige Lust
DAS ÜBERFLUTETWERDEN
der rauschenden Worte ://
      DER LIEBE
    des in sich versunknen Traums

    ❀

Ein Gongschlag nachts
ob ich ihn höre? / ihn träume?
  : ob ich ihn bin?

    ❀

Zylindrische Zederzapfen
im Herzschlag /dort
wo das Weltall rumort

    ❀

.. MILCHSTRASSENSTAUB
DAS UNBEKANNTE ZEITMASS

✤

Eine STURZFLUT
   deine Stimme
: / nachts
im Sturm der Begegnung
       ROTGÜLTIGERZ
     KRISTALLIN
      DEIN AUGE

✤

Mit Peer Gynt
durch Wälder streifen
   mit Rumpelstilzchen tanzen
      im Bauch des Wals singen
– / DERART LEBEN :
L E B E N

✤

Luftblasenakkorde
   doldenrispig /: tanzend
in der kleinen heissen Hand

✤

Mit dir
Trichterwimperling
Seestachelbeere
Netzfaserschwamm
   /: im Klang des Saxofons
   /: in den Ringnebel der Leier*

FORTFLIEGEN
W E I T FORTFLIEGEN
   – – / : ins Delirium der Lust

(Hier meine ich mit «Leier» astronomisch
Lyrae,
den Stern, 28 Lichtjahre entfernt,
der 200-mal heller als unsere Sonne ist)*

     ❀

Die Sonne
schläft in der Seerose ein
   //: zu mühsam war
   im Horizont unterzugehn

     ❀

Ein Fischgrätmuster
    am Nachthimmel
   kokosweiss / :
DIES ZU SINGEN JETZT !

     ❀

.. STAUB
  DES MENSCHEN MASS

     ❀

Nicht nur
   hinknien vor dir
    sich hin:legen
    unter dein Augenlid
    BLAUTAUMELSCHWER
      s i n g e n d

ohne die Zeit zu kennen
im Hohelied der Nachtigalldrossel

❀

Du kleidest dich
mit Plankton
mit Weissdornbeeren
mit Cellowirbeln
    wir finden uns : // in der Ekstase
IM SPIRALNEBELKERN
DER UMARMUNG

❀

Die Erinnerung
ist ein längst erloschner Stern
    // : – wie in einer alkäischen Pappelallee
        in ihr zu promenieren
                IN DER HOFFNUNG
            dich wirklich zu treffen
        GEDANKENLEICHT
im pulsierenden Augenblick

❀

Grenzenlos offen
ist das Sein
im Liebesleben Oswalds von Wolkenstein
in Orpheus` Trauer
    in der alten Muräne
    die
        ./ in einem Tongefäss haust

❀

Ich studiere
   die systematische
      topografische
         pathologische
            vergleichende
Anatomie des Weltalls
und erkenne intuitiv
deinen schlanken interstellaren Körper
// IN MEINEN ARMEN //

✿

II

Raben kreisen im Atem

Im Kirchturm
träumt die Mandoline
LIEBE //

❀

Windrose
    Traum…fläumchen
      tanzender Staub
IN DIESER STILLE

❀

Raben /: kreisen / im Atem
    in den Gewölberippen
    deiner Brust
    //: .der Basilisk

❀

Wie schön
nichts zu wissen
keine falschen Gefühle zu haben
keine Gedankenlügen zu spinnen
    einfach l e b e n
    wie der Seestern
    in Meerwellen
    ZU SEIN

❀

WIRKURSACHLOS
    GEIST UND GISCHT
raumgekrümmt /:
sonst nichts

❀

Die Mandarins
   von Paris*

(* Roman von Simone de Beauvoir)

❀

Bausteine
      verworfne // ohne Geröll
OHNE WIRKLICHKEIT
ausser
      :// sie sängen
JETZT
L I E B E

❀

.. AUF DER MILCHSTRASSE
   ZU DIR

❀

: Angst
wuchernde Algen /
      im Traum

❀

Den Edelstein einfassen
   Regen trinken
      übers Fallreep torkeln
         in der Ginsengwurzel
         SCHWEIGEN
            einschlafen // : wach werden
:: es gibt so viel zu tun

❀

/ : DIES ZU SAGEN
dass die Planetenbahn stockt
Meere und Wälder brennen
Tiere und Pflanzen aussterben
der Mensch
            //nicht // mehr atmen kann
– dies zu sagen!

❀

LIEBESLUSTBERAUSCHT
die Kapillaren
die Milchstrasse
deines Bluts
VOR MIR
    NACKT
        SINGEND

❀

Der Strichjunge
hiess Homer /
– diese Koinzidenz
beglückte mich

❀

Dein wuscheliges Haar
wie Wind
im Kirschbaum
    sich kringelnder
    SOMMERSONNENTANZ

❀

..

.. LICHTJAHRE
DAS MASS DER LIEBE

✻

Der Karneval des Harlekins
von Joan Miró
　　　　luzide Konstellationen
　　im Winkelabstand
　t ä n z e r i s c h
　wild durcheinander
Traum /: Vision /: Wirklichkeit //

✻

: / GOTT –
DAS TIEFSEETIER
IN DIR

✻

Asseln
　Sandmohn
　　Fata Morgana
　　　　:/ queres Nichtwissen
ZU TANZEN BLEIBT

✻

Die Bernsteinschnecke
macht sich auf
den Anfang des Seins zu suchen

✻

Vor / hinter / über / unter
jedem Topos

das befreiende Chaos
das Verwilderte / Unerwartete
DAS UNBEKANNTE ZEITMASS

❄

Mit dem *Eisbrecher WORT*
versuche ich /: dich
zu erreichen

❄

.. MILCHSTRASSENSTAUB
  DAS GEWICHT DER WELT

❄

: // Verloren
der ferne Ursprung
in deiner Hand
in den filigranen Quirlen
des Ähren/tausend/krauts

❄

Als *Chamaeleonis*
mit Engelwurzdolden spielte
an der Bassgeige
ein Segel gehisst wurde
und ein Benediktinermönch
ins Bordell ging
verstand ich // endlich // die Welt

❄

Herakleitos` *Urfeuer*
   visionär
VERNUNFT UND UNVERNUNFT
      sonnenblind
Verhängnis in der Notwendigkeit
   nicht sagbar

   ❀

Der Drache
hütet goldne Äpfel
/ : für dich und mich

   ❀

Der helläugige Alkinoos
schön wie eine Mandoline

   ❀

Ich schaue
auf meine Gesundheit
trinke / literweise
   Mirabellenschnaps

   ❀

III

Violinhalsschlank
tänzerischer Luft:sprung

– – MILCHSTRASSENSTAUB //

❀

Tänzerinnen /
 : sich umarmend
im Geigenton /der
nackten Körper

❀

ICH SEHE DICH
Stein : Wind : Käfer
namenloses Licht
 aus dem Wasser und Blume
 i s t /

❀

Traum:irr
brennende Wälder
 lust/verwurzelt
 in der Gegensatzangst
VERLORENHEIT
// : VON MIR ZU DIR HIN

❀

.. STAUB DER LICHTJAHRE
GEWICHTLOS

❀

Danach
    als das Glück verschwand
       Hoffnung
       in Verzweiflung umschlug
          danach
        einfach nichts

❀

Der Wind
spielt auf : im Baum
/ für dich Schleiereule

❀

Trollblumentrunken
    rauschbeerig
deine Brüste
IN DER VISION
DES ADONISBLÄULINGS

❀

Feueratem der Lust
    angesichts
      der Fülle ://: der Leere

❀

: In den Fussspuren
    eines // unbekannten //
      Lebe:Wesens
tanzende Sonnen/ als
        : ob

❀

//: Währungseinheit
  in meiner Art
DENK//
  – – : VERSCHLUNGENHEIT
runenzeichenhaft markiert
    sprach-/gehisst
      wie ein BERYL
  ergriffen ergreifend
V I O L I N H A L S S C H L A N K
  tänzerischer Luft:sprung
    rahsegelgeschwellt

❀

Das Oboenkonzert
  in den Nacht/sturm:fetzen
//: es rudeln sich Atem zusammen
    WILD
        durcheinandergehetzt
          IRR :: WIRR
//: hinter den brennenden Grenzen ://

❀

*.. MILCHSTRASSENSTAUB
 DAS UNBEKANNTE GEWICHT*

❀

HALLUZINOGEN
  : der geschweifte Komet
        im Wein-Glas
    ::://::
          LIEBSTE
SINGEND ./: runisch
  und deine

scharlachrote / Klatsch-Mohn…Hand
traubig:nackt
rund/rund
im Schweigen ver-sunken

❀

Immer wieder
alles .//. nichts
als gäbe es
– WAS?
jetzt gilt es
ZU FLIEGEN :/:
in den fiebrigen Träumen
IN DEN LETZTEN ZÄRTLICHKEITEN

❀

.. STERNENSTAUB
   EULENÄUGIG ZU SEHEN

❀

./.eulen::äugig
die Doppelsterne
malachitgrün
der Seerosenteich
STEIN WORT MYRRHE
in der Verlorenheit
sphinxisch
urhügelig:urgewässert
anfang//los
in der Verwandlung

❀

Vor der Brust
　　　tapsig
　　　　　　(tappend?)
die Handschrift
:: der Nacht /.
SUBTIL
　　sich selber fremd
IN TIBET
　　　　　　und so ausweglos
　　　　vor dem Macht//klotz
　　　… – / -protz
im Abgrund
z e i t : v e r l o r e n

　　　❁

Falsche Welten weben
　　Schlösser aufbrechen
　　　　Protokolle fälschen
über die offizielle Salbaderei lachen
　　　　hier : und : dort all/
　　　　　　　überall

　　　❁

Die Sonne
kletterte
auf einen Baumwipfel
um eine Rundumschau
　　　　　zu haben
… was sie sah
verschweigt sie
so höflich ist sie

　　　❁

Ich locke dich an
mit der PANFLÖTE
umarme dich
           im Geigen//
                  ./.ton
für dich
wort::los
      zu orgeln
      mit dem *weiten Wind*
           in den Pfeifen
AUF DEN LIPPEN
           AUF //
DER FLAMMENDEN ZUNGE

❁

Chimärische Nacht
im Neunauge
      /: gespaltne Stunde
IN DEN DUNKLEN BLUTROTEN
      T I E F E N
           DER VERZWEIFLUNG

❁

.. MIT DIR DAS UNBEKANNTE
ZEITMASS LEBEN

❁

Wir ziehen uns
   NACKT
         :: aus
für den Lust//tanz
      des Seins

❀

In der Schlaflosigkeit
und in der Ferne verirrt
höre ich
Ich habe zu Hause ein blaues Klavier
Und kenne doch keine Note*

(* Gedicht von Else Lasker-Schüler)

❀

verloren
   ausgekühlt
      blind geworden
//. im Weltallwind
: am Seeufer
finde ich dich
         nicht mehr
finde ich mich
         nicht mehr

❀

: wirrig
:: feuerkrötig
    das Unzähmbare
   des Traums

❀

D A
   vor dir // alles //
      : nichts
schau dich um
durchs Dornenkrautige
      hinter die Horizonte

31

die sich wie beschwipst verlieren
als ob …
jaja

✤

Regentränen://:Tränenregen
es ist
wie hinter dem Vorhang
:: der Täuschungen
KURZSCHRITTIG
pastoral für Schalmeien und Oboen
/ *sakral*
in der Lustpassion
nachts um zwei

✤

IV

im *wissenden* Fisch://AUGE

../gedankenSPRUNG
kesselpaukig
in der /.
unfassbaren Stunde
die brennt..BRENNT
und dann
ganz // anders
das
fisch-
grätige Wort
befernt
: nicht betastbar
verloren
zwischen uns

❀

Komm
: wir treffen uns
im *wissenden*
Fisch://
AUGE
im weiten Ozean
im empfindsamen Seelen::Leben
der Pflanzen
in den Sinnes
./zellen
/:: der Sterne
ÜBERALL DORT
WO/
L I E B E
:S:I:N:G:T

Für Marco Grimm

❀

Nicht zu fassen
        nicht zu um//fassen
                        DIE NACHT
            das Ver-schwiegne
            auf der Zunge
                        die Lippen
                    ./: der Waldhyanzynthe
                        ovalblättrig
nackttraubig die Blüten .. und so f e r n
die Klage des Cellos // das Weltall
                    :: in dir

                ❀

Hier der Fisch
hier die Wurzel
            Wind und Wellen
                mit dir
im Silberschuppenhaus
//. zu wohnen //
die kleine Liane
                die
            :: deinen Körper
                    UMSCHLINGT
                UMHALST
zwergmispelfilzig
in den Arpeggien
    DES GEISTS

            ❀

    .. STAUBSPIEGELUNG

            ❀

Die Lippen
        / : der Gauklerblume
öffnen sich
                zum Kuss
        es ist die WAHRHEIT
                        DER LUST
Ehrfurcht und
                //:: ANBETUNG

        ❀

Es ist gut
 // wenn //
dunkle Nebel
        aufziehn
Cassiopeia
        :: sich verschleiert
der Rotschwanzkärpfling
erbleicht
        die Apokalypse
        in der Hypophyse
                wütet
ES IST GUT
BEI DIR ZU SEIN

        ❀

IM RAUSCH
        der Moor..//
                beere
        trunken
                ver-
                …/versunken
singvogel:irr
        verwirrt in der eignen Schönheit
                /. des Lieds

37

HIMMELGEWIMMEL
      LUSTEKSTASE
– – –: zum Ende zu s a g e n
        ::all::dies
              bis hin
      ins fiebrige Schweigen

    ❀

Im Löwenzahn
funkelt
/ – sonnengleich
Haydns *Missa*
    in tempore belli

    ❀

Dein Leib
        funkenlinig
    eine Licht./kurve
spektralfarbenaufgefächert
        in der Höhle
      des Zackenbarschs
ICH ENTFLAMME DEINEN KÖRPER
MIT KÜSSEN

    ❀

Der STURM::DÄMON
    rast wie ein Tornado
    durch meine // Arterien
      wild aufgebäumt
      im Traum

du verlierst mich
  // wenn // du mich
  JETZT
      nicht hältst

  ✵

.. Das Unbekannte
  tief in dir

  ✵

Ohne Sinne
gibt es keinen ::Geist::
      zellular   nerven./
          zentrisch
ATEMUMATEMZUG
  in den Reflexen
  in der Intelligenz
DES KREBSES
      im Spiegelbild der /..Quallen
      der Sterne

  ✵

Wie töricht
    sind die Weisen!
        das
  // was der Pilz
      KANN
        der Tropenbaum
        der rotköpfige Kakadu
das Meer:der Wind:die Sonne
– – – *nichts* von all dem
        kann der Mensch

V

quer//.. längs:schiff der
TRAUM UNTERSTRÖMIG

Zusammenströmend
Wolken:in:Wolken
// – sich findend
G N O M B I L D
hier..dort
ohne etwas hinzuzufügen
sich ducken
fort//springen
in dich
hinein/springen

.. ich reise
in Kandinskys
Acryl:glas/BILD
Durchgehender Strich
kopuliere
in der // Mandoline
verfasse PSALMEN
DER NACHT ::
verschlungen ver-brüdert
mit dem Puls
des Alls

Im Mistral
Frédéric Mistral
//– ..lesen
mit der Sonne .. auf den Schultern
SAND
zwischen den
Ze=hen
Wein trinken

…//…
::DER AUFSCHUB BRÖ
                    CKELT
        -: bereits

        ✺

Z U S E H E N
        respirieren
        LAUB./.Gehölziges
                die Gehlinie
                verlassen
                auf den Rosmarin hin
es der SCHNIRKELSCHNECKE
GLEICH://: zu tun
auf dem Weg – zu Cassiopeia
zuvor die Synkopen übend
                //:: rhythmisch ver-schoben
        das fremde ICHBINDU

        ✺

In *Olman*
        ruinen…/haft
DAS AZTEKISCHE LAND
            die Wind
                    -ungen
        der Pfade
die nirgendwo mehr
hinführen
                    ausser
        ins Blendwerk der
        Illusion
    oder
            ::besser
ins Weltall

✼

.. LICHTSTAUB
IM ATEM

✼

quer//.. längs:schiff
   der TRAUM
           UNTERSTRÖMIG
die Balken im Auge
      SCHWEMMHOLZ
        rettungs/.los

✼

Die Milchstrasse
       züngelt
             lasziv ..//.. geil
in den Mund Gottes
die Sterne
       diese LIPPENblütler
          singen
     röhrig ver-.wachsen
         in Lust

✼

Die GRILLE
setzt sich
die LeseBRILLE
    /=auf
: um die Upanishaden
zu studieren
          während ich
     mit Jean Pauls

Armenadvokaten
Siebenkäs
spazieren geh

✺

Akuaba die Mond
/-muttergottheit
der Goldküsten/=/Ashanti
segnet:beschützt:bedroht

✺

Zwischen : den : Träumen
ziel//los
mit *Niels Lyhne* *
schweig-sam
durch
dunkle Wälder ziehn
Vorbereitungen
für eine AbReise ./zu treffen/.
die nie
statt//findet

(* Roman von Jens Peter Jacobsen)

✺

ICH SINGE
deine Nähe::deine Ferne
deinen Ozean../grund
Sternflammen HAUT
das SonnenLICHT
unter deinen Armen
das FISCH//A U G E
atem-berauscht

die Melodie der
wandernden Zunge
ICH SINGE DICH / – in den
Algenfäden
im Traum
der Schmetterlings
blütler
i n t e r s t e l l a r in deinem Herzen
UND
wenn die Nacht
sich auf/türmt
LACHEN wir miteinander
und singen
wie ein vielstimmiger Chor
ZU ZWEIT

❀

.. Unbekannter Staub
wie Juwelen

❀

Das Gerippe der :Sterne:
//schmal//lippig
bleicht die Nacht
dringt im Wein
:=berg
INS SCHWEIGEN
../.. DES JUNGEN TRAPPISTEN

❀

Das Leben
ist ein TRAUM
zwischen // Träumen

in der Un=wirklichkeit
des VOGEL:LIEDS
in der Würkelichkeyt
der Täuschungen

❀

WENN
der Himmel zu bunten Scherben
ver/.fiele
REGEN::TROPFEN
wie Glocken läuteten
//= Geister in Luft..ballonen
IRRselig sängen
der .//Orinoco verträumt
durch den Körper strömte ::–
Küstenschlamm eine ODE
ANS LEBEN würde
wenn
der provenzalische Wein
einen Sonnenschirm bräuchte
in der Pfeife
sich Steppen und Wanderdünen
ein glühendes Stelldichein gäben
Liebesträume Zeit/losigkeit um-fluteten
DER WIND
Farben der Seen und der Erde
in alle Welt schickte
alles bedingungslos URSACHLOS
einfach weil Leben
//immer// das
ganze Leben ist

❀

www.zackenbarsch.ch // zackenbarsch.gisi@gmail.com